AF494104

INAUGURATION

DU BUSTE

DE

XAVIER NAVARROT

16 AOUT 1890

OLORON
Imprimerie C. & B. Marque, rue chanzy, 22 bis.

NAVARROT

Le nom de Navarrot, qui est en ce moment sur toutes les bouches, était, il y a un an, à peu près inconnu de la plupart de nos concitoyens ; il n'éveillait en eux aucun souvenir. Bien des gens se sont demandé avec étonnement en apprenant l'arrivée des Cigaliers et des Félibres : « Mais qu'est-ce donc que Navarrot ? Qu'a-t-il fait pour mériter de tels honneurs ? » La curiosité publique a été excitée ; de toutes parts l'on a couru aux informations et l'on a appris avec stupéfaction, de la bouche d'étrangers, que le poète Navarrot avait fait honneur à sa ville natale, que cet homme avait possédé toutes les qualités de l'esprit et du cœur : génie, bonté, noblesse de sentiments.

Navarrot fut avant tout un chansonnier, et, sur ce point, ne pourrait-on pas le comparer à Béranger dont il fut d'ailleurs le compagnon et l'ami ? Doué comme lui d'un caractère aimable et enjoué, d'une imagination puissante, il reproduisit dans ses vers avec bonheur et vérité les sentiments qui composaient son « moi ». Malice et gaîté, telles sont les qualités communes aux œuvres de ces poètes, frères par le talent et par l'esprit ! C'est la partie essentielle de leur tempérament lyrique, c'est le résumé de leurs tendances. Au milieu des traits spirituels qu'ils décochaient pour exciter le rire, ils eurent tous deux des inspirations de génie, ils atteignirent parfois au sublime. Néanmoins, il semble que Navarrot ait poussé plus loin la gaîté pétulante, qu'il soit arrivé jusqu'à l'insouciance.

Loin de se borner à réciter des anecdotes, il savait en tirer une morale appropriée au sujet qu'il venait de traiter, donner des conseils précieux à ses auditeurs, résumer même parfois en termes éloquents ses désirs et ses aspirations. C'est ainsi qu'il exposa son programme politique, qu'il développa ses idées, qu'il s'efforça de les répandre parmi les masses.

Car Navarrot en tant qu'homme public n'appartint pas seulement au monde des lettres; il se lança dans la politique et brigua les suffrages de ces concitoyens comme candidat à la Constituante de 1848.

Navarrot était républicain, ami ardent de la liberté, partisan des idées libérales qui triomphèrent en 1848. Il crut combattre la bonne cause, et, pour atteindre le but qu'il avait rêvé, il ne se ménagea point, luttant par la plume et la parole, ne regrettant ni son temps ni sa peine. Il fut battu ; mais loin d'être aigri par l'insuccès, il s'en consola et s'en moqua en termes gais et spirituels. Il donna de sages conseils aux vainqueurs... qui d'ailleurs ne les mirent pas en pratique, et les accompagna des ses vœux et de ses bénédictions :

> Vous avez eu la victoire assurée ;
> Vous me laissez vaincu, non sans honneur...
> Heureux vainqueurs, mettez-nous en curée
> Moi, puis Chaho, Pinède et Monseigneur...,.
>
> Bon voyage !

Combien de gens seraient-ils capables de cet oubli du passé, de ce dédain des frivoles querelles de l'humanité! Que chacun rentre en soi-même, qu'il s'interroge et scrute sa conscience, et, qu'après avoir examiné les replis les plus cachés de son cœur, il réponde sincèrement s'il est capable d'une telle bienveillance, d'une égale bonté à l'égard de son prochain.

Ce fait seul suffirait à peindre Navarrot dans ses relations de la vie privée, dans ses amitiés, dans ses affections.

Indulgent pour les fautes d'autrui, il savait pardonner à chacun ses torts ; il entretenait avec tous des rapports où règnait une franche cordialité. Il n'avait pas d'ennemis parce qu'il lui était impossible de s'en faire ; il ne ressentait de mauvais sentiments à l'égard de personne parce qu'il n'avait pas de fiel et qu'il ignorait ce que c'est que haïr. Aussi était-il universellement aimé et respecté.

Sa maison était ouverte aux pauvres : jamais sa porte ne se ferma devant une infortune, jamais personne n'eut en vain recours à lui ; il donnait à tous ceux qui tendaient la main. Ecrivain désintéressé, il ne touchait jamais à l'argent qui provenait de la vente de ses œuvres, mais il le distribuait aux malheureux dont il connaissait l'existence misérable. Il abandonnait ainsl le superflu pour se contenter du strict nécessaire.

Il fut d'ailleurs dignement secondé dans cette œuvre de charité par sa mère, « une femme du bon Dieu » comme il l'appelait, et qui certes méritait cette appellation. Tous ceux qui ont connu la famille Navarrot sont unanimes à ressentir un même sentiment de respect et d'admiration pour la mère du chansonnier, Elle appartenait à une famille aisée, riche même ; mais ses goûts étaient simples. D'une intelligence supérieure, elle savait mettre les gens à leur aise, et les émerveillait par sa grâce et sa distinction. Ils accueillaient tous deux avec empressement les visiteurs qui devenaient leurs hôtes ; ils mettaient à leur disposition ce qui pouvait leur être agréable et ne négligeaient rien de ce qui pouvait les intéresser.

Parlerons-nous de la large hospitalité que trouvaient chez eux les officiers des divers régiments qui, pendant plusieurs années avaient successivement tenu garnison à Oloron ? Le poète les conviait souvent à sa table et les égayait par ses causeries. par ses récits toujours nouveaux, toujours piquants. Il alla même jusqu'à mettre à leur disposition pour les manœuvres de leurs troupes, un pré qu'il appelait lui-même « un champ de Mars du nom de Navarrot ». Les mauvaises langues ont prétendu que si Navarrot était génêreux c'était surtout à la fin... d'un bon dîner.

Et ! mon Dieu, oui, braves gens, Navarrot aimait la bonne chère ; il ne dédaignait pas les vins généreux et savait apprécier, comme il convenait, le vieux Jurançon ou la liqueur d'Aubertin. Oui Navarrot eut un faible pour le bon vin, comme nous l'avons tous, comme l'ont eu bien des poètes de l'antiquité.

Consultez les biographies d'Horace, de Catulle et de tant d'autres, et vous verrez que ces poètes chantèrent le vin, célébrèrent ses vertus et... goûtèrent ses charmes ; peut-être même lui doivent-ils leurs meilleures inspirations...

Et peut-on faire un crime à Navarrot de ce qu'il a suivi leur exemple, sans tomber toutefois dans leurs excès ? Peut-on lui reprocher d'avoir avoué lui-même que jamais il n'était mieux inspiré qu'à la fin d'un bon repas.

> So qu-im desligue la paraüle
> Qu'ey lou darré truc deü boussou,

disait-il, et il ajoutait :

> Lou bii qu'apère la cansou.

Que de partisans pourrait compter notre poète, même parmi ses détracteurs ! ! !

C'était souvent à table qu'il ciselait ses meilleurs couplets ; il sentait alors que sa muse l'inspirait et s'abandonnait à ses caprices.

Un jour, nous raconte-t-on, Navarrot assistait à une noce ; on l'avait invité parce qu'il était un voisin des jeunes époux, parce que sa présence flattait l'amour-propre de la famille et aussi parce que l'on connaissait son caractère jovial et que l'on comptait sur lui pour égayer la société. La mariée était ravissante sous son délicieux petit costume. Elle était si mignonne que Navarrot ne pouvait s'empêcher de l'admirer, de la contempler et d'envier tout bas le bonheur de l'époux. On se met à table : on place Navarrot entre les deux mariés ; on le comble d'honneur et de mets ; on sollicite de lui un bon mot, un sourire. Mais lui n'avait des yeux que pour sa gentille voisine, il faissait le galant, l'empressé, tout comme s'il eut été son mari... et le bon vin coulait sur la table, et la coupe de Navarrot s'emplissait et se vidait comme par enchantement, comme si le poète eût voulu éteindre le feu intérieur qui le consumait. Au dessert, il n'y tint plus, et s'adressant au mari, dans un toast admirable d'esprit et de gaîté, il manifesta ses sentiments d'envie à son égard et de tendresse pour la jeune épouse. Se mettant galamment à leur disposition dans le cas où ils auraient besoin d'un tiers, il leur donna l'assurance de son amitié et leur fit l'offre de ses services.

C'était dit si gentiment, que personne ne put songer à s'en formaliser. Tout le monde en rit, même le mari ; quant à la jeune femme, je crois bien qu'elle rougit un peu fort, mais on attribua cet accident à sa timidité.

Quel malheur de s'arrêter en si bonne voie ! Il m'est impossible de vous raconter le résultat de ses offres galantes, car personne ne le connaît, si ce n'est Dieu, Navarrot et peut-être... la nouvelle épouse.

Une autre fois, Navarrot se trouvait à *u pelle-porc*. Le spectacle n'avait rien de poétique ni d'enchanteur ; il est à croire cependant qu'il chatouilla la muse du poète, lequel d'ailleurs sortait de table, car immédiatement, au grand ébahissement de la compagnie, il prit la parole pour comparer en vers émouvants le sort de cette malheureuse victime de nos préjugés et de notre appétit à celui du compagnon de St-Antoine, des pourceaux d'Ulysse et même de l'enfant prodigue.

Nous pourrions citer bien d'autres traits de ce genre, où Navarrot apparut comme toujours avec un esprit vif, primesautier. A quoi bon les multiplier? Ce que nous venons de raconter ne suffit-il pas à montrer largement que ni l'esprit ni l'imagination de notre chansonnier n'étaient altérés par les quelques « noces » auxquelles il se livrait parfois? Les détails de sa vie privée ne jettent-ils pas un jour complet sur son caractère et sur son talent, ne résument-ils pas son œuvre, mettant en relief ses brillantes qualités ? Navarrot fut le Béranger béarnais, digne, comme son ami, de l'estime et de l'admiration de tous.

Honneur à ceux qui comprirent ce qu'il y a d'original et de remarquable dans l'esprit de cet écrivain de choix ! Honneur à ceux qui, par leur constance et leur travail, cherchèrent à attirer sur Navarrot l'attention du public et qui, sans se laisser décourager par une indifférence apparente, ne reculèrent devant aucune des fatigues de la publicité soit par la voie des journaux, soit par l'impression des documents, pour arriver à leur but ! Honneur enfin aux Cigaliers et aux Félibres qui ont entrepris hardiment de rendre à Navarrot une popularité méritée et qui, sans souci des fatigues à endurer, ont bien voulu prêter leur gracieux concours pour l'inauguration solennelle du buste du chansonnier Oloronais !

La cité oloronaise a fait, le 16 Août 1890, aux Cigaliers et aux Félibres, l'accueil empressé et cordial qu'elle leur devait.

A deux heures, M. le Maire, à la tête du Conseil municipal, se trouvait à la gare pour recevoir et complimenter nos aimables visiteurs. Puis aux sons d'un entraînant pas redoublé, exécuté par la musique, le cortège se rendait à la place Gambetta, encombrée par une foule énorme, et où se trouve le buste de Xavier Navarrot qu'on devait inaugurer.

L'enceinte réservée était déjà occupée par une assistance des plus choisies, composée, d'un côté, de dames en brillantes toilettes, empressées, elles aussi, à faire fête aux poètes voyageurs, de l'autre, par les nombreux invités de la municipalité.

Un chœur exécuté d'une manière remarquable par la Chorale, ouvre la cérémonie; après quoi commence la série des discours et des pièces de vers préparés pour la circonstance, et que nous reproduisons plus bas.

C'est M. Sextius Michel qui s'avance le premier et

prononce un magistral discours sur la vie de Navarrot, et recueille de vifs applaudissements. Puis, c'est M. Mendiondou, maire, dont la parole vibrante et chaude est accueillie avec des marques de la plus vive sympathie; M. Barthou, député, qui lui succède, cite, heureusement encadrés, quelques spirituels couplets de Navarrot. Viennent ensuite M. A. Montaut pour nous dire la magnifique *Ode à Navarrot* que son auteur, M. Isidore Salles, n'a pu venir nous dire lui-même; M. Peyré qui, avec une *verve endiablée*, nous débite la charmante pièce qui lui a valu, au concours Navarrot, la médaille de vermeil. Après M. Peyré, M. Planté, maire d'Orthez, donne lecture de la délicieuse poésie que le jury palois a récompensée par une médaille d'argent.

Enfin, M. le docteur Casamayor clot la séance par la lecture d'une ode à la France et rend ainsi un hommage public au patriotisme du poète Oloronais.

L'on se rend alors à la grand-salle de l'hôtel de ville, où le vin d'honneur attendait nos hôtes.

Là, au milieu de la plus franche cordialité et de la plus aimable familiarité, M. Mounet-Sully, de la Comédie Française, dit un sonnet délicieux et déclame les *deux épées,* de Henri de Bornier. Pouvons-nous rendre par la plume l'enthousiasme dont a été transportée l'assemblée, grâce au talent du grand artiste et l'ovation bien méritée qui lui a été faite?

M. Albert Tournié, secrétaire de la Cigale, remercie, en termes éloquents la ville d'Oloron de son accueil empressé et cordial. M. Georges Niel, ancien Sous-Préfet d'Oloron, actuellement président du syndicat des journalistes parlementaires, a rappelé dans un à-propos charmant le temps qu'il avait passé parmi nous et les excellents souvenirs qu'il en a conservés. Enfin, M. Daniel Laffore, notre spirituel confrère du *Démocrate* d'Orthez, nous a dit et très bien dit son *Lou nouste Henric* et cède la parole à M. Pélisson, d'Arette, qui, se laissant fléchir par les sollicitations de l'assistance, eut l'obligeance de nous réciter sa poésie couronnée par le jury de Pau.

Le tout entremêlé de morceaux de chant et de musique, exécutés par la Chorale et l'Harmonie.

Vers cinq heures, cette charmante fête a pris fin ; les Cigaliers et les Félibres devant reprendre le train et rentrer à Pau pour se rendre le lendemain à St-Sébastien où les attendait la réception la plus magnifique qui se puisse faire.

Discours de M. Sextius Michel

Monsieur le Maire,

Mon premier devoir est de vous remercier publiquement du sympathique accueil que vous faites à vos compatriotes parisiens.

Vous avez pensé qu'aimant, comme vous, le parler de notre enfance,nous avions gardé intact l'amour de la petite patrie, et vous avez cordialement serré nos mains qui vous étaient cordialement tendues.

Et toi, charmante ville d'Oloron, qui, gracieusement assise sur ta verte colline, baignes tes pieds dans le cristal d'une double rivière, et regardes, le front couronné d'azur et de soleil, les délicieuses vallées d'où montent vers toi le parfum des fleurs et le chant des oiseaux, ô reine, belle encore malgré les déchirures que les Maures ont fait subir à ta robe de pierre, ô jolie reine béarnaise, reçois le salut fraternel des Félibres et des Cigaliers.

Pour toi les échos des Pyrénées redisent encore le nom si poétique de la Marguerite des Marguerites, et nous, nous venons faire vibrer nos lyres et nos cœurs pour l'un des tiens qui chanta des refrains béarnais que les échos rediront aussi.

Mesdames, Messieurs,

Le voyageur qui traversait vers 1830 les riantes vallées dont je viens de parler pouvait apercevoir, non loin de la ville, une de ces auberges aux murs ensoleillés où les rosiers grimpants, aux petites fleurs écarlates, s'entrelacent avec les feuilles de la vigne et les grappes de raisin. Là, se réunissaient, aux jours fériés, de gais compagnons venus pour s'y délasser en fêtant Bacchus et l'Amour, comme l'on disait encore à cette époque. Notre voyageur, un instant arrêté pour jouir de la beauté du paysage, entendait alors, s'échappant de ce nid de verdure, des chants tour à tour satiriques ou passionnés dont les notes ailées se perdaient dans les nuages d'or. Quelle était cette langue harmonieuse et vibrante? Quel était ce beau pays si semblable à la Grèce? Ainsi devait chanter Anacréon dans la ville de Théos ; ainsi, dans son grenier, à vingt ans, devait chanter l'immortel amant de Lisette. Quel était le maître poète qui chantait ainsi?

C'était Xavier Navarrot, — Navarrot dont la chanson alerte et court-vêtue, mordante et colorée, emprunte quelquefois à la lyre de Tyrtée de patriotiques accents ; c'était Navarrot, le joyeux compère, comme François Villon ; Navarrot, le vrai poète du peuple, qui, le verre en main, oublieux de l'heure, insoucieux du lendemain, au soleil comme au clair de lune, chantait dans le vibrant idiome de ses pères.

Et l'auberge ensoleillée, aux rosiers grimpants, aux grappes pendantes, et qu'il avait inauguré lui-même par de joyeux refrains, s'appelait l'*Estanguet*, autrement dit l'auberge de la vallée, nom plein de couleur locale, lieu charmant où tout faisait son harmonieux office, l'onde murmurante, l'oiseau gazouillant et le chansonnier enfiévré de poésie.

L'histoire de Navarrot est toute dans ses chansons ; elles embrassent tous les sujets, le vin, l'amour et la politique. Tous les actes de sa vie, il les a chantés. Il chantait pour faire l'aumône; il chantait pour ridiculiser les sots, pour flageller les hypocrites et les renégats. Il chantait surtout pour le besoin de chanter.

Jean-François-Xavier Navarrot naquit à Oloron, le 25 février 1799. Son enfance est peu connue. Après avoir achevé ses études au lycée de Pau, par deux fois il était allé à Paris pour y faire son droit, selon la volonté de son père, puis pour y étudier la médecine comme sa mère le voulait. Mais un démon familier l'accompagnait partout.

De retour dans sa ville natale, donnant tout à fait l'essor à son imagination vagabonde, il fit comme la chrysalide qui se débarrasse de sa première enveloppe et s'élance vers l'azur, il devint poète.

Grâce aux relations qu'il s'y était faites, il aurait pu, comme tant d'autres, s'obstiner à poursuivre la gloire dans la merveilleuse Ville, centre attractif de toutes les intelligences ; mais il n'y aurait pas trouvé alors, comme aujourd'hui sur la jolie place de l'Odéon, cette réunion du Félibrige si hospitalière aux jeunes et aux ardents. Comme tant d'autres, peut-être, il aurait vu s'y éteindre sa flamme native sous les brumes du ciel parisien.

Plus avisé ou plutôt, ayant, comme Jasmin, le profond amour

du sol natal, il préféra, comme lui, vivre, chanter et mourir sous le ciel où il était né.

Il ne tarda pas, du reste, à devenir célèbre dans cette contrée si amoureuse de littérature et d'art, et son nom vola bientôt de bouche en bouche avec le nom de d'Espourrins, ce Théocrite du Béarn, qui était né près de cent ans avant lui.

C'était l'époque rayonnante entre toutes où le romantisme naissant concordait avec la renaissance des lettres méridionales. Lamartine adressait à Jean Reboul une de ses plus belles harmonies, Sainte-Beuve acclamait Jasmin, et Xavier Navarrot correspondait avec Béranger, que Napoléon Peyrat avait initié au culte des muses gasconnes.

C'est Béranger qui a dit dans une de ses lettres : « La patrie est la première des muses, plus d'une fois elle a inspiré Navarrot ; elle l'inspirera longtemps encore. »

Le savant professeur Lespy, l'auteur du remarquable dictionnaire béarnais-français, en rééditant, en 1868, les chansons de Navarrot, avait élevé un premier monument à la gloire de son compatriote. Poète lui-même et littérateur de grand talent, il ne s'est pas fait faute de le célébrer dans une notice où il apprécie les œuvres du chansonnier avec beaucoup de compétence et de sincérité, et par des vers d'une superbe allure:

Taa loungtemps qui soüs mounts y per las arribères,
Nouste lengatje es parlara,
Tas cansous, Navarrot, seran toustemps nabères;
De toun coo, de toun noum, cadu se broumbara.

« Aussi longtemps, s'écrie-t-il, que sur les monts et dans les plaines, notre langage se parlera, tes chansons, Navarrot, seront toujours nouvelles. De ton cœur, de ton nom, chacun se souviendra. »

Les Félibres de Paris, en élevant un buste à Navarrot, n'ont fait que suivre un noble exemple.

C'est pourquoi, dans nos Jeux-Floraux du mois de juin dernier, nous avions mis au concours en vue de nos prochaines fêtes pyrénéennes, une ode à ce poète si digne de nos hommages.

Ici, je laisse parler notre vaillant vice-président et ami, Élie Fourès, rapporteur de ce concours :

« Quant à Navarrot, dit-il, il a été servi par la plus merveilleuse fortune qu'il pût rêver. Lorsque nous avons lu l'ode à ce poète, nous avons été littéralement transportés d'enthousiasme par la grâce, par le sentiment délicat et poétique des strophes, écrites dans le plus pur dialecte du Béarn. Nous étions intrigués autant qu'agréablement surpris. Quel était ce jouteur si élégant, si habile, si puissant ? Tout s'est expliqué, quand nous avons lu le nom de M. Isidore Salles, ancien préfet, ancien vice-président des Félibres de Paris. Navarrot ne pouvait trouver un appréciateur plus distingué, plus autorisé que le grand poète des *Debis gascouns,* qui est un admirable écrivain français en même temps qu'un des premiers poètes du Félibrige. »

Je n'ajouterai rien, Messieurs, à ce juste éloge de M. Isidore

Salles, sinon que vous entendrez tout à l'heure sa belle poésie.

Si Xavier Navarrot a eu la bonne fortune d'être si bien loué par un tel poète, il a été non moins bien partagé en trouvant un sculpteur de grand talent pour donner à ses traits le caractère que la postérité lui reconnaîtra.

L'artiste n'a oublié,ni la spirituelle bonhomie qui éclate dans ses œuvres, ni le chapeau légendaire qui tempère sur son front l'éclair de la malice.

M. Escoula, l'auteur de ce buste,est un fervent Cigalier ; il est votre compatriote, étant né à Bagnères-de-Bigorre, et il a fait une belle œuvre d'art. A tous ces titres, il a bien mérité du Félibrige et du Midi pyrénéen.

Les Félibres de Paris, Monsieur le Maire,en offrant ce buste à la ville d'Oloron, sont heureux d'avoir pu, grâce à votre concours, remplir cette dernière partie de leur programme.

Leur programme ! je dirai plutôt le plus cher de leurs devoirs.

Depuis que l'éloquent député de la Drome qui porte sous son écharpe d'élu du peuple un grand cœur de poète et de Félibre, depuis que Maurice Faure a fondé notre Société, nous considérons, nous, les exilés, comme un devoir sacré de glorifier nos ancêtres, nos précurseurs qui ont eux-mêmes glorifié leur pays par la renommée de leurs œuvres.

Nous disons aux jeunes Félibres : voici vos modèles ; imitez-les, écrivez dans la langue maternelle, amie et sœur de la langue nationale. Et vous, artistes, qui sait si la radieuse image des aïeux que vous faites revivre, pour notre admiration, dans l'immortalité du bronze, ne sera pas pour vous un jour un titre de plus aux mêmes honneurs ?

C'est avec cette pensée et ces sentiments que, dans le cours de la semaine, nous venons d'inaugurer le buste de Cortète de Prades, à Agen ; celui de Bartas, à Auch ; celui de Théophile Gauthier, à Tarbes ; et que nous avons salué d'Espourrins en belles rimes béarnaises et catalanes, et Ingres par un magnifique discours de M. Henry Fouquier. Ici, Xavier Navarrot nous apparaît triomphant sur son piédestal.

Plus tard, dans un an peut-être, nous continuerons à honorer des troubadours comme Bertrand de Born, des poètes comme Goudouli, qui attendent encore les honneurs dus à leur célébrité. Mieux vaut voir sur les places publiques se dresser des bustes que des engins belliqueux rouler sur le pavé des rues.

Oui, certes, nous aimons, ô terre natale, à te glorifier dans tes enfants.

Oui, nous aimons à semer des strophes et des fleurs devant les autels de nos dieux,devant tous ceux qui, par l'idéal, sont montés vers la lumière. Que ne pouvons-nous, quand l'immortalité devance pour l'un d'eux le lendemain de la vie, que ne pouvons-nous le conduire en triomphe dans une des métropoles du Félibrige pour y recevoir le laurier qui ceignit le front de Pétrarque !

On peut couronner les poètes; ils n'asserviront jamais leur

pays, eux, les pacifiques et divins chanteurs, qui gravent sur l'airain de la poésie le nom des grands citoyens morts en défendant le sol sacré de la patrie et qui, à un moment donné, sauraient la défendre eux-mêmes au péril de leurs jours.

Ah ! n'oublions rien, mais jetons en ce moment un voile sur ces tristes images. Souhaitons plutôt, devant ce génie aimable, que la poésie et les arts triomphent un jour des antiques haines, et que le bronze ne serve plus désormais qu'à ériger des statues.

Alors, les étoiles sereines ne se voileront plus au-dessus de nos sanglantes mêlées détestées des mères, et le pâtre pyrénéen entendra sans frémir le cor de Roland sonner dans la montagne.

Discours de M. Mendiondou

La ville était vieille ; dans son manteau de montagnes bleues, sur son lit de verdure où courent ses gaves d'argent, semblable à un géant, elle était étendue; son corset de remparts, entr'ouvert par les siècles, laissait à nu ses entrailles et les maisons s'en échappaient et se répandaient sur la pente, comme un troupeau au soleil (1).

Le climat y était doux, le caractère des hommes subissait son influence comme un fruit du sol, et la langue y était douce aussi. Elle n'avait pas atteint de grandes hauteurs; mais expressive, souple, harmonieuse, elle devenait en des mains habiles un merveilleux instrument : le berger sur la montagne y trouvait les accents de sa plainte amoureuse; le chansonnier y découpait à son gré gais refrains, gracieux souhaits, couplets spirituels.

Alors passait dans la contrée un groupe de *compagnons du Savoir;* ils venaient des terres où le soleil se lève, ils suivaient sa marche ; dans les temps anciens ils auraient été des *mages*. Leur langue était plus chaude, plus sonore, plus apte au récit des hauts faits et à l'expression de la passion. C'était une sœur aînée, riche, glorieuse, à côté d'une sœur modeste et timide. Cependant une chanson frappa leurs oreilles; ils écoutérent et subirent le charme; ils en voulurent connaître l'auteur qui aurait été des leurs s'il eût vécu, et avec le concours du peuple assemblé ils lui élevèrent un monument.

Oui, c'est ainsi qu'en lisant cette inscription et en empruntant les paroles du chansonnier, c'est ainsi que parlera le voyageur arrêté devant ce buste; car la phalange ardente, généreuse, rayonnante de gai savoir et de réelle science, c'est la vôtre, Messieurs les Félibres, Messieurs les Cigaliers.

Le chansonnier, c'est notre Navarrot.

Et le peuple qui vous entoure et vous acclame, c'est le peuple oloronais au nom duquel je vous salue.

(1) *Chansons de Navarrot, recueil de M. Lespy. 1868.*

Pour la ville d'Oloron-Ste-Marie, Messieurs, j'accepte le buste que vous lui offrez. Elle avait déjà donné le nom de Navarrot à une école et à une rue. Vous venez compléter l'œuvre ; vous rehaussez à ses propres yeux le mérite de son enfant; vous jetez sur elle et sur lui un éclat inattendu ; je vous remercie.

Xavier Navarrot naquit dans cette ville à la fin du siècle dernier : destiné à une profession libérale, il étudia successivement le droit et la médecine.

Si ses différends avec Cujas et Barthole ne l'empêchèrent pas de conquérir le grade de licencié en droit (1) Galien et Hippocrate ne lui furent pas aussi favorables, et il ne persévéra pas au point d'obtenir le titre de docteur, *docteur pour rire,* comme il disait lui-même.

Revenu dans son pays, il consacra ses loisirs à la Muse, et pendant plus de vingt ans, en toute occasion, en l'honneur des uns, au profit des pauvres et aux dépens des autres, il prodigua son esprit.

Bientôt les effets de l'âge se firent sentir; n'avait-il pas écrit :

« Je touche au haut de ma carrière
» Et m'assieds au bord du chemin ;
» C'est pour regarder en arrière
» Et vous dire adieu de la main. »

Il s'éteignit dans sa propriété de Lucq, en 1862, laissant dans son testament à la ville d'Oloron et aux pauvres qu'il avait tant aimés, une large preuve de sa sollicitude.

Il n'entre pas dans mon cadre de vous présenter une étude de son talent et de ses productions. Cette étude a été faite et j'abuserais, en vous retenant, des courts instants qui nous appartiennent. J'en veux dire seulement, et c'est bien un éloge, que si pour nous les circonstances de lieu, de temps, de personnes, l'actualité en un mot, qui donnent à ce genre tant de valeur et d'à-propos, disparaissent au loin, les chansons de Navarrot cependant nous intéressent, nous plaisent, car l'esprit est de tous les temps, son vers est facile et sa langue est d'une remarquable pureté.

Les chansons de Navarrot seraient en ce moment presque inconnues, quelques fidèles en auraient seuls le privilège, si un érudit, M. Lespy, de Pau, à qui nous devons aussi un dictionnaire béarnais, n'en avait entrepris la recherche et la collection. Ce qu'il a fallu d'efforts, quelles difficultés ont été vaincues, lui seul le sait! La tâche a été conduite à bonne fin, le recueil a été publié et le nom de Lespy est devenu inséparable de celui de Navarrot. Je le lui écrivais naguère, en le priant d'assister à cette fête, et j'aime à le rappeler en cette circonstance, certain d'un unanime assentiment.

Je me reprocherais de ne pas accorder aussi une mention

(1) *Chansons de Navarrot.*

spéciale à l'artiste de talent auquel nous devons ce buste. Le mérite en est augmenté par la générosité qui a présidé à son offre. J'adresse mes félicitations et mes remerciements à M. Escoula ; il est des Hautes-Pyrénées : c'était presque un compatriote, il a acquis aujourd'hui droit de cité.

Xavier Navarrot, ta ville natale est fière de toi. Reprends ta place parmi nous, répands autour de toi cette gaité qui séduit et qui entraîne ; crée et inspire des continuateurs de ta verve et de ta langue.

Les années ont cet inappréciable effet d'effacer à jamais les traces inutiles et de relever et conserver celles du mérite et de la valeur ; ce qui est humain demeure enseveli ; ce qui est impérissable, le vrai, le bon, le beau se dégage, s'élève et s'épanouit.

Nous te contemplons dans ton auréole de chansonnier et d'homme bon ; devant tes chansons, devant ta bonté, nous nous inclinons.

Discours de M. Barthou

Messieurs,

A mon tour je vous remercie, non d'être venus, M. le Maire vous a dit éloquemment notre commune gratitude, mais du présent divin que vous m'avez fait. Vous m'avez révélé un poète. C'est un ami que vous m'avez donné. Aussi l'expression de ma reconnaissance ne saurait-elle suffire à rendre ce que je vous dois.

Je l'avoue, dussé-je en rougir, Navarrot m'était inconnu. Du lointain de mon enfance, certains refrains parfois me revenaient, qui sont en ce pays devenus populaires. Et, faut-il le dire, quelquefois aussi, trop empressé dans nos fêtes de villages auprès de nos belles paysannes et mal reçu par elles, j'avais, non sans dépit, fredonné l'amer et exquis refrain :

> Adiu me dau, quine galère,
> D'esta moussu ta ha l'amou !
> Auprès de la mey haroulère
> Que perd soun temps y soun sermou.

C'était tout. Vous voyez que c'était bien peu de chose.

Heureusement que vous avez entrepris cette belle mission de ressusciter les renommées éteintes. Vous faites du bruit autour des morts et, grâce à vous, ils se réveillent, étonnés peut-être, dans l'immortalité de la gloire.

Navarrot est un de ceux que vous avez voulu célébrer. Aussitôt, comme votre goût m'est certain, j'ai vivement ressenti la honte de mon inexcusable ignorance. Les chansons du gai poète n'étaient pas comprises dans mon programme électoral. Est-ce la raison de l'empressement que j'ai mis à les

bien connaître ? Mon ravissement a été immédiat. Dès ce jour, pour vous assurer de ma profonde reconnaissance, j'ai brigué l'honneur d'être des vôtres. Je suis cigalier... cigalier ou félibre, il ne me souvient guère, par amour de Navarrot.

Car, vraiment, on l'aime. N'est-ce pas un ami tout poète qu'on admire ? Et comme il fut, celui-ci, merveilleusement doué ! Il n'est rien qui ne serve de prétexte à ses chansons, le vin clairet pétillant de nos belles collines, l'amour qui s'éveille ou qui passe, les fêtes joyeuses de la campagne, les rivalités mesquines de la petite ville, le mariage d'un ami, la naissance d'un enfant, le voyage d'un prince, un procès, une élection, la patrie, la liberté... Sa muse, selon le cas, tantôt s'abaisse et tantôt s'élève, gaie ou triste, ironique ou tendre, libre et naturelle sans effort.

Oh ! non, certes, que tout dans son œuvre soit de valeur égale, et si je ne disais que Navarrot, comme tous les ciseleurs de la rime, eut des heures de défaillance, l'exagération de mon éloge risquerait d'en compromettre la sincérité.

Mais quels bijoux ce maître ouvrier a sertis d'une main sûre, auxquels le temps n'a rien enlevé de leur éclat ou de leur fine délicatesse ! Quelle richesse de rythmes, quelle variété inépuisable, quelle musique enchanteresse dans la chanson de la *Sarthoulete !* Quel esprit dans les souhaits de la *Sent-Bizents,* un des joyaux les plus purs de son écrin ! Et les jalousies, si gaiement mises en scènes, de Bedous et d'Accous, et lous *Pougnoucots,* et cette ravissante improvisation de la *Bistanflute !!* Mais, en ce genre, sa poésie fut-elle jamais mieux venue, d'une rime plus riche, d'un sentiment plus pur et plus pénétrant, que dans les plaintifs adieux à la vallée d'Aspe :

Adichats dounc clouchés de la balée,
D'Accous, de Lées, Athas, Ousse y Bedous !
Loungs publiés, silenciouse alée,
Gabe incounstent, taa terrible ou taa dous!
Eco plentiu deu turoun solitari,
Soul counfident de mas tendres langous,
Bousquet, adiu ! que-t cares... coum me cari...
Adiugues dounc, brunete mas amous !

Et ailleurs, un jour que l'amour lui fut moins rebelle, cette vive, sautillante, et musicale fantaisie :

Adiu, plane de Bedous,
Camii nau d'Espagne :
D'Aydius que soun mas amous,
Puyem la mountagne !

. . . . . .

Jou qu'aymi de saunéja
Lou loung de ta ribe,
D'entene gourgouléja
Toun ayguete bibe,
Sus ta boute d'essaja
Ma cante plentibe !

Leu passi toun poundiquet
Qui danse y trémoule ;
Au brut de l'arricouquet
De l'aygue qui coule,
Danse, danse, poundiquet,
Sus l'ayre qui boule.

Oh ! certes, ils sont exquis ces vers que je viens de dire. Pourtant, s'il fallait leur faire une préférence, j'irais tout droit à la *Boutiguete deu Bialè* et n'est-ce pas que vous lui donneriez aussi vos précieux suffrages ? Ecoutez plutôt :

La maa plée de bouquetz,
Aquiu debant cent persounes,
Que hasè cent capihounes,
Cent et cent arricouquetz,
Que passabe, repassabe,
Du cop d'oelh que la hissabe,
Raz de terre que glissabe
Plaa soubent... y de fayssou
Que deu can de soun alete
L'amou, coum bère arounglete
Que frisabe la maysou.

L'inspiration se soutient d'un bout à l'autre, de cette belle et facile allure, l'harmonie doucement nous caresse et nous berce, les vieux rêvent au passé, les jeunes sourient au présent, l'amour s'éveille ou renaît dans tous les cœurs... Et c'est la poésie qui nous transforme, la divine poésie, éclose aux premiers jours du monde, au premier rayon de lumière, vieille comme une fée, enchanteresse comme elle. Pareils aux pauvres gens des contes naïfs que le charme d'une baguette invisible revêt de beaux costumes étincelants de soie, de pourpre et d'or, nous avons pour nous-mêmes, élevé au-dessus des misères de la vie, des regards de surprise joyeuse. Dans la coupe d'or où d'un ciseau fantaisiste l'artiste fixe des pensers capricieux et grave son rêve, nous avons bu le magique breuvage qui grise d'idéal et d'amour. Soyons reconnaissants à Navarrot de nous avoir donné un tel bonheur.

Sa poésie eut d'autres qualités et de plus hautes. Comme il flagelle les vices de son époque ou ses ridicules, l'hypocrisie, le fanatisme intolérant, les abjurations honteuses, les servilités dégradantes, la passion du ruban qui décore, l'obséquiosité empressée des uns, la morgue hautaine des autres, l'avarice des grands, l'indignité des petits !

D'ailleurs, sont-ils tous de son temps, ou ne lui ont-ils pas survécu, les vices qu'il châtie avec une verve amère ? Il me semble qu'elle est d'hier cette apostrophe vengeresse aux *Electous hartanès !* Et n'est-il pas toujours vrai le croquis charmant des désirs de l'électeur :

Parlem drin de quauqu'u qui sap au ministeri,
Si p'arribe u malhur, trouba-p u jupitéri ;
Habetz u paar de boeus qui-s soun espederatz ?
Crac ! u mout à Paris, y que-p soun reparatz...
Habetz maynats ? Y dounc, qu'habetz lou pribiletje
Per la mieytat deu pretz deus mete en u coletje.

Toujours vrai aussi ce portrait de l'élu :

Mes que hès d'aquets grands estayres,

Truque-taulès de Deputatz?
Certes, noun mentaberes goayres
Qui prou nous sien arpastatz;
Au mounde n'han d'aute coente, oère,
Que de-s grata hort lou mélic.
Da-ns-y bou pic.

Chacun, assurément, électeur ou élu, s'empressera de reconnaître... son voisin. La leçon n'en est pas moins bonne. Le tout est qu'elle profite.

La Muse de Navarrot s'élève encore. Il aime la France, il trouve pour célébrer sa grandeur guerrière des accents d'une fierté magnifique. Vous me pardonnerez aisément une dernière citation. Devant la poésie de Navarrot que vaut ma modeste prose? Et puis n'est-ce pas le meilleur hommage envers un poète, celui que lui rendent ses vers eux-mêmes?

...Touts alabetz, lou coo plee d'allegresse,
Haben dret d'entouna l'hymne de la joenesse,
C'est qu'Harispe, labetz, y souns frays tabardés
N'éren pas bouhe-bracxs ta puya peus sendés...
A Berdaritz, labetz lou terrible Cantabre
Abourdant l'Espagnoü à la punte deu sabre,
Lou casque sus lou cap, tout harissat de crii.
Bourdibe en hanilhant coum u balen pourii!
Alabetz! alabetz! la France tout entière
Per l'hymne Marselhes poussade à la frountière,
Harissade de paus, de canous y de her,
Semblabe habé boumit touts lous diables d'iher.
La bittori en grandint de Valmy ta Jemmapes
Abansabe pertout en doublant las étapes;
Lou mout de raliment se dizé libertat,
Y nouste rey habé surnoum Egalitat!

Cette France, qu'il aime, il veut qu'elle revive dans la plénitude de ses droits souverains. Qui ne connaît, ici, son admirable dialogue du bohémien *Mingequannas,* et de Matheu, l'électeur censitaire, assurément son chef-d'œuvre, où se rencontrent la profondeur d'une pensée réfléchie, la verve frondeuse d'un esprit libre, les générosités d'un cœur ardent, la haine de l'inégalité, le mépris de la richesse orgueilleuse et sotte, le respect des pauvres, l'amour passionné de la République!!

Car il fut, notre gai poète, un ferme et vaillant républicain, aux heures difficiles de la royauté de Juillet et aux jours sombres du coup d'Etat de Décembre qui lui inspira sa chanson la plus tristement émue : *Ah! maudit sie l'auzeré.* Vos statuts et les convenances m'interdisent d'insister et de mêler à la poésie qui vous unit la politique qui nous divise. Mais ceux qui m'ont élu me l'eussent-ils pardonné; je ne me serais pas pardonné à moi-même, dans la fermeté de ma foi républicaine, de n'avoir pas rendu un public et solennel hommage aux convictions qui animèrent toute la vie de Navarrot.

Tel fut, messieurs, notre poète. Merci à vous de nous l'avoir rendu dans une œuvre d'art, belle et forte, où le sourire narquois se tempère de bienveillance : sensible, quoique malin, disait Béranger de lui-même, et pouvons-nous dire de Navarrot.

Il restera là pour égayer notre vie, pour nous consoler de nos misères, pour apaiser nos querelles, et aussi pour y perpétuer le souvenir de votre généreuse initiative.

Vous,ne l'oubliez pas.Et,là-bas, dans Paris froid et brumeux, où les cigales chantent l'hiver, ayez quelquefois un bon souvenir pour cette ville, qui fut heureuse et fière de vous recevoir, avec ses vieilles murailles des temps héroïques, ses deux gaves capricieux et clairs qui lui font une ceinture où les cailloux, au soleil, resplendissent comme des diamants, avec ses belles montagnes qui s'élèvent, blanches de neige vers un ciel lumineux... D'ailleurs je suis des vôtres, Cigalier ou Félibre, n'importe, et si votre impression est bonne, je saurai, soyez-en sûrs, rappeler mon cher Oloron à la fidélité de votre souvenir.

CONCOURS NAVARROT

I. — **Médaille de Vermeil**

M. Auguste PEYRÉ, a Oloron

So qui-m desligue la paraule
Qu'cy lou darrè truc deu boussou.

Que m'espiats!... mes que bey que nou-m sabet couneche;
Moun Diu, après tan d'ans nou-n souy pas estounat;
Que y-ha quauques matiis que nou m'han bist pareche
Per aqueste peys, autes-cops tan aymat.

Belleu hera trente ans per aci que cantabi,
Que cantabi toustemps, atau hè lou qui pot!
Proche de l'Espitau labets que demourabi,
Amicxs, que souy Zabiè.... Zabiè de Navarrot.

Desempuixs qui per force e hey lou gran biatge,
Aperat en tau ceu per la gracie de Diu,
Bien que lou Paradis é siye u beth bilatje,
Be-m souy dit hère cops : Be bau hère esta biu!

N'ey pas que siyen mau en lou peys deus anjous,
Qu'ey em même prou pla; mes, messius, enta jou
Aquet mounde de sents, de séraphis, d'archanjous,
Qu'at diserey toustem, que manquen de gaujou.

Si dencoere la haut quoan quauquu se debeye
Poudem drin changea d'air y bacha quauque cop
Ta bié bede ets amicxs quoan s'en gahe l'embeye
Per exemple coum hoey, nou-s plagnerem pas trop;

Mes nou-n cau pas parla; tan per tan sus cent mille
U soul cop que-s poudem u moumen escapa;
Hoey you qu'ey réussit; mes si-m bedets en bille,
Qu'ey per u cop d'escunce y qu'ou pe bouy counta.

Que hasem u piquet ta passa la belhade
Je ser, dap Despourrins, Jasmin y Bérangè,
Quoan lou gouardien deu ceu qui hasè sa tournade,
Sent Pierre, dap sas claus, près de nous e passè.

« Hoou Navarrot, si-m dits, e-t siulen las aurelhes
Tout en han au piquet? Hoey en la toue haunou,
Felibres, Cigaliès, coum u chami d'abelhes
Bienguts de tout coustat, per Pau, per Aulourou,

« Nou parlen que de tu ; mème que racountaben
Que dap marbre d'Aussau qu'han heyt lou tou pourtret,
Que de Paris en là d'ap eths que l'appourtaben
Y que bolen plaçau at miey deu Marcadet. »

Ah! messius, si sabetz, quoan Sent Pierre parlabe,
En jou ço qui brounibe y quin habi lou co
Quin me hasè tic-tac y quin me batanabe!
Nou! penden cent mille ans qu'em broumberey d'aco!

Despuixs aquet moumen n'hey rebat qu'ue cause :
Qu'ere de m'escapa ta-p bié dise merci
Y ta passa dap bous n'estesse qu'ue pause.
Laudat que siye Diu! qu'hey poudut réussi.

Tout d'aqueste mati qu'anabi y que tournabi
Peu colidor qui miye à la porte deu ceu ;
La porte que s'ourbibe y jou que la lupiabi ;
Mes malhurousemens que-s barrabe autaleu.

Tout d'u cop que s'enten coum u gran batahori :
Qu'eren mille curès y tres cents aboucats
Qui biénèn de fini lur temps de purgatori
Oun despuixs detz mille ans purgaben lurs peccats.

Chens habé l'air d'arré, penden qui tout entrabe,
Au miey de la mesclanhe en bet m'abachan.... ouist...,
Que passi.... Leu après la porte que-s barrabe ;
Mes jou qu'eri passat y que nou m'habèn bist!....

Quine chance, toutu, messius! y que cau crede
Qu'ey brabe lou boun Diu, quoan me leche escapa
Ta qu'hayey lou plasé, d'abord, de-p biene bede
Y lou plasé mey gran, après, de-p remercia.

Merci dounc, mille cops, illustres coumpagnies,
Felibres, Cigaliès, deu mieydie la flou,
Bous, lous mestes y reys en feyt de pouésies,
Merci, d'habé pensat au petit cantadou.

Nou meritabi pas, qu'at sey, de bère pause,
L'haunou qui m'habet heyt y qu'en souy tout counfus;
Car la boste amistat soule que n'ey la cause,
Qu'ey lou mé soul mérite y nou n'hey nat de plus.

En effeyt que hasi quoan èri sus la terre;
Tout lou mounde qu'at sap, qu'at pouts pla counfessa,
Badut enta la pats meyleu que ta la guerre,
Nou hasi... Lou beth temps...! qu'ayma, bebe y canta.

Bous auts que het coum jou, que lou boun Diu pat tiengue,
Y si quauque pégot at boulè trouba mau,
Embiat lou me tau fresc y toustem qu'ep soubiengue
Que puixsque souy au ceu n'ey pas peccat mourtau.

Mes qu'ey l'hore oun Sent Pierre e ba ha sa tournade;
Que-s hè tard y ta jou qu'ey l'hore de parti,
Ta bous de countinua la boste proumenade,
Adichat dounc, Messius, adichat y merci!

II. — **Médaille d'Argent**

M. Adrien PLANTÉ, a Orthez

> Lous grans sabens, de boun matin,
> Qu'et bourreran de bieilh latin,
> Floue estaride...
> Mes nat d'ets ne t'enseignera
> Lou dous parla qui hey ploura
> L'amne attendride!
>
> Isidore Salles (*Debis Gascouns*, p. 29.)

Diu me dau, qui m'apère?... E que cridatz?... Biahore?
Nou... *Vive Navarrot!...* Qu'ey couchat lou sourelh :
Ba dounc loungtemps que souy clabat! Bous qui etz dehore

De batala n'ey pas mey l'hore,
Lexats droumi lou praube bielh!

Auts cops, que-p auri dit : entratz, la nouste bielhe
Que padère prou plàa. Taus amicxs you toustem
Au chay que sey trouba quauque boune boutelhe
Dequet qui hè rouye l'aurelhe :
Plegatz la came u drin, anem!

Hoey, à nouste nou y-ha coque ni mascadure;
Lous landrès soun rougnous, la true qu'ey chetz hoec,
Au pourtau cridassè la sarralhe qu'ey dure,
E lou toupi de la garbure,
Amics, qu'es damoure tout pec!

Despuixs balleu trente ans qui droumi, las perpères
Clucades, lenque mude e lou coo tout eschuc,
N'em ha pas deschudat lou brut de las esquères
Ni lou belet de las agnères
Qui bachen d'Aspe... *Bonsoir Luc!*

Mes, qu'em pourtatz aquiu? Moun pourtreyt?... Estatue
Sus u beyt pau quilhade au miey dou Marcadet!
Ta que lous bahurlès, bagants per la noeyt blue,
S'en arridin au cla de lue :
« L'as bis, lou Xavier? Quin caddet! »

Que ba dise de you lou mounde? E de ma glori
Que penseran aquets chibaliès, grans d'aunou,
Guerriès doun lour enoum ey dens cade memori,
Bousquet lou ray de labittori!
E tu, beyt hilh d'Aspe, Camou?

Toutu, merces, toutu, Félibres de Proubence,
Cigaliès de Paris e cantayres gascous;
Hilhs dous gabes biarnés, hilhs de l'Adou qui lance
Sas aygues au miey de la France,
Gran merces e salut à bous!...

Salut, bous qui cantatz lou pailhet qui chiscleye,
La laudete qui piule e la mar qui brounex,
La neu dous noustes mountz la haut qui s'ensoureye
E la maynade qui sauneye
En escoutan l'amou qui crex.

De ta loenh qu'etz bienuts dap la boste musique,
Hilhe dou ceu, salut poètes et mercès.
Infierit, Aulourou que pot dounc ha la nique
A Pau dap sa riche pratique,
E dap sou pount au brabe Orthez !

Centenayre crouchit, qu'et saludi joenesse,
Joenesse besiade aciu bayt e dou ceu....
Cante, coum you cantey, l'arride e la tendresse
E la May Patrie qui's dresse,
Hardide, au pèe dou sou drapeu !...

III. — **Médaille de Bronze**

M. l'Abbé LABAIG-LANGLADE, a Momas

Qu'ayme las flous, lou sou,
lou ceu blu pla stellat.

Qu'és aquo ? La boutz d'u cantaïre ?
Ou l'esturmén d'u musicaïre ?
O plàa b'ey lou cant d'ue boutz !
Aüdim ü paüc : Carem s'é touts !

Et déns lou toumbeü désbeilhade,
Pér ü moumén rébiscoulade.
A trubès l'escurit oustaü,
L'oumpre dou mourt cantabe ataü,

Troussat déns la loungue lounyeyre,
Yazï débaig la réde peyre,
Dus cops de la bite etzillat ;
Yétat aü clot et désbroumbat !

Aüs pradouilhs qui trouilhè maynatye,
Sous coustalats deü gran bilatye,
Bint et ocyt cops puntéyan flous
Hilhes deüs printanaüs arrous ;

Bint et oeyt cops ségan la plane ;
Et bint et oeyt cops la campane ;
Darrère amigue dous caduts,
Brouni la noëyt à trucs perduts.

Ére poudè tringla, balénte,
Nat coô n'aüdibe la doulénte !
Qui's coëntéré dous arrécats ?
Pous souls mourts éds soun trébucats !

Ataü déns lou désbroum droumibi ;
Et dé mey én mey m'afflaquibi
Aü houns dé moun casteig proubut
Pér la terre et pou ceü prémut !

U soul amic qué m' démourabe,
Et près dé you la noëyt plourabe ;
Lou gueüs dap soun cant doulourous
Taïsan ü drin mas amarous.

Triste prouseï ta la beilhade !
Magre sérénade bailhade
Aüs nobis hérits qui biengoun
Has' ha la sègue aü clot prégoun !

Ouey à la clareyante aübette
Coum si dé l'anyou la troumpétte
Hésè déya tout rétrénï
Mieytat désbeilhat qu'enténï.

Qu'énténï — b'én goardi mémori —
Qu'énténi coum u brut de glori ;
Qu'énténï coum u cant d'amou
Qui, drin à drin, biénè ta you !

Félibres, bertadès cantaïres,
Cigailhés, mestés musicaïres,
Qué p' moumbrèt débaig boste ceü
D'u ray coucat déns lou toumbeü.

Et déchèt tout, biles, campagnes,
Ta saluda noustes mountagnes,

Et yugne à mas bielhes cansous
Las bostes boutz dé rouchinous.

Mercé à bous auts tourni bibe :
Car sus las hoëlhes deu bed libé,
Débantéyats per lou rénoum,
Biénét escribé lou mé noum !

Merci pér la bosté biengude,
Et, pér m'abé dat tru ayude,
Loung téms dous bius goardat l'oustau !
Adichat ! Dé nabeig m'en bau ! ! !

IV. — **Médaille de Bronze**

M. Antonin MONTAUT, a Oloron

Bielh Aulourou, salut!

Loenh d'Aulourou, counfrays, hère lues be-y ha
Que you, bielh ou defun, à Lucq ou debat terre,
(Atau coum de tout temps fort esbagat encoère)
Eri poc embeyous aci de coenteya.

Peu bielhè, tau coum you ma muse esgarissade,
Flaque, manhouse, habè renounciat a canta,
Y si, de quoand en quoand aymey drin de pinta,
Dap l'entri deu joenè la set m'ère passade.

Tau parsaa d'Aulourou nou countabi dounc mey
Tourna ; d'aulhous qu'habi gnaute resou fort boune;
Coum you lous deu me temps han heyt la capihoune
Y lous joens d'alabets, chic broumbats, soun bielhs hoey

Mes, puixsque m'aperat, aci que souy! Behide,
Deu mourt nou pensat pas esbelha la gauyou?
Anem, anem! que bey ço qu'habet heyt ta you.....
Amicxs! s'hey drin balut aco trop haut lou cride.

—

Oui, counfrays, qu'hey cantat y siulat.... dilheu trop,
Dilheu tabé de tort, car ma muse drin hole,
Dap lou bridou suou coig n'embiabe à la boumbole
Peus quoate bens deu ceu sas cansous quauque cop.

Hole! Eh, oui; mes toustemps, medix en sa houlie
En sous pinnets, toustemps ma muse se broumba
Qu'au miey de las cansous nou perden a-s trouba
Juntats de bous counselhs a la bibe alegrie.

Alabets qu'hey cantat, de dies ou de noeyts,
La bit, lou bii bourret, lou bal y las maynades,
Lou pla-heyt y lou mau, lous plecs y las birades
Deus grans ou deus petits, deus harts, deus bente-boeyts.

Chens poou qu'hey pleyteyat atau coum m'ath pensabi;
Qu'hey trucat y gnacat drin pertout, mes dap dret...
Hé! s'hey heyt quauque be, per me paga, bedet,
Toute l'haunou qui-m dat you nou la meritabi.

—

Amicxs! de bet tros loenh, de capsus, de capbat,
Hens Aulourou medix, artisaas de ma glori
Qu'et bienguts, chens apeu, relheba ma memori,
Coum si deu bielh defun tout s'ere desbroumbat.

Ah! gran merces per touts de l'haunou qui m'ey heyte !
Peus mes, car Navarrot deus mes esté lou noum!
Per Aulourou tabé, merci! lou me renoum
Daban lous estranyès à la bile proufieyte.

Merci tabé per you! D'are-en-la lous cussous
Hauran fachous tribalh ta cercam de peleye;
Malhoucat hens lou tros de her qui-u pourtreteye
Navarrot bibera loungtemps, graces à-bous!

Et puixs per la gauyou, merci! Loungtemps encoere
Las cansous de Bearn pinpantes lusiran;
En beden ço qui hèt d'autes be gauseran
Courteya drin la muse y diberti-s dap ere.

—

Mes l'ore hoey, counfrays, dap ere lous plasés !
Douma que seram loenh sus la bie traçade ;
Aban de-ns esbarri, per la heste passade,
A Lespy tabé, touts, digam drin gran merces !

V. — **Médaille de Bronze**

M. Henri PELLISSON a Arette

A diu me dau !

— —

En parsaa de la-haut, oundrat de tant d'eslous,
De sourelh y d'azur, d'ausetz y parpalhous,
Aqueste mati souneyabi...
Aus d'Aulourou, de Pau, de Luc, de tout coustat,
Y, tè, coum jou bouli drin bebe à lur santat,
U de Juransou n'entinabi...

— Haut, aném, Navarrot, lèche-m aquet brouquet,
Me cride Despourri, d'u beth soumeriquet,
Arrase-t'en, si bos, la boute,
Y, prou biste, eslinse-t de cap ent'Aulourou,
Oere si s'en y passe au raz de toun larou,
Hilhot ! say bede aquere joute !...

A la bie de sus, à la bie de bat,
A la place Pomone, escoute aquet coumbat....
Aulourou, fee ! quin se desbelhe !...
Quoantz qu'en y-ha, Diu me dau ! de mouretz,de pigans
De pelatz, de pelutz, y de bracs y de grans,
De tout pèu y de toute pelhe !

Chens mentabe la tasque y d'autes bètz païs,
Qu'en y-ha, crey, de Probence y qu'en y-ha de Paris !
Espie-m lur ahoalh, en teste...
Jey ! soun prou counexius à lur parla tabé,
Bielh parla pingourlat de flous deu Gay Sabé ;
Més, de quin sent ey hoey la heste ?

— Si-at sabès, Despourri, be t'en arriderés !
En paradis, bissè ! n'oü me sauran arrés ?
Jansemi, soul, m'en haré bede...
Bacharé t'Aulourou, bet-cranc, chens nat degrèu,
Y lous mestes biarnés séguirén, toutz, dilhèu ?
E m'en pouderi drin encrede ?

Alabetz, dinqu'a'n l'hore ? — Assi que souy, Messius,
Salut de tout moun coo, nou pas à quauques us.
Mes à toute la coumpanhie,
Que debisetz francés, biarnés ou probençau,
Que siatz hilhz de Paris, de Pau, d'Aspe ou d'Aussau,
Ou hilhz deu clareyant Meydie.

A ma drete, à ma'squerre, en abisi mantu
Deu gayhasent terrè, beroy mounde... y toutu,
En arrés nou y-ha qui s'y hide ;
Boutém qu'èri soubent assecalat, hardit...
Lou qui n'ha jamey set, bam... que lhebe lou digt.
Lou digt ménin, y chens arride !

Per esta, j'en coumbiéni, u tatay de bounou,
De pougnoucotz, perdiu ! que-m bey bet-drin d'haunou,
Y nou n'hauri de tasta brigue...
Mes si l'arcoelhi jou, quey per noste cooeyla,
Qu'ey permou deu Béarn y noste dous parla,
Ta qu'Aulourou, hoey, s'en arrigue.

Gran mercés dounc à toutz, à moun amic Lespy :
Tout asso, bingt-ans-ha, germiabe en soun toupi.
Bous-autz, Cigaliès y Felibres
Salut ! bebiam amasse u cop de Juransou,
Navarrot que-p entoune u refri de cansou :
Coumpays ! siam toustem gays y libres !...

VI. — **Mention honorable**

M. X***

Moriturus vos salutat.

— —

Au brut tringlan de boste aubade
Lous bieilhs os de Navarrot,
Touts encroucats
Au houns d'eu clot,
De plasé qu'és soun estirats,
Et soun amne s'ey emboulade
D'eu bèt soum d'eu pays de delà
Decap à bous, t'ap coussira.
Et la guignats au miey d'eu crum
Qui la bacha d'eu cèu enlà?
Qué hurrupe coum ù perfum
D'eus bostés coumpliments lou tà sabré parla.
Qué s'embriague de tendresse!
Audit-la drin à debisa
« B'ep sey grat de la poulitesse
Qui p'a miats au mé parsàa!
Qu'ey heyt quaüques cantéroles
Holles;
Auta leü lous d'Aulourou
Qu'és pénsèn que la houn, oun s'én ban m'apita,
Qu'aüs cantéré, coum hasi you,
Dé sa bouts d'ayguette
Clarette,
Quaüques bersets, t'aüs esgaya
En han *glouglou.*
Tan dé bou! més nou suffech
A Cantaïre drin d'ayguette,
Et la cansou que s'afflaquéch
Chens la flasquette.
Digat-lous èt; si lou boun Diu é m'abè dat
U bèt pichè de bii boussat,

Qué p'en auri cantat de bères!
Més oun souy, nou s'y hè pintères;
A la qui hèts, trinquan à ma santat,
E sie lou mé coo dap lous bostes juntat! »
Et atau dit, en boulasséyan
L'amne de Navarrot, coum u nuatge blanc,
Qué s'éscounou capbat la brume
De las amnes qu'ey la coustume.

VII. — **Mention honorable**

M. Jean PALAY, a Vic

Il est beau mon pays comme un coin de Toscane
Marcel Lestrade.

Troubadous, qui biénetz aperam à la glouère,
Qu'ém hetz quitta per hoey ma démoure aciou haout,
Més pusqu'abétz boulut haunoura ma mémouère
Aou bosté rendé-p-bous nou pouix pas ha défaout.

You nou-p counéchi pas; déguéns las noustes hèstes
N'arriben pas lous bious, qu'éy soun toustem prou lèou;
Més qué m'an dit qu'etz grands, e qué las bostes tèstes
Qué toquen dé plaa près à la cape déou cèou.

U déous bostés amicxs, d'oun regrèttat la perte,
Désempuix caouqué témps qué m'a biengut trouba;
Déou reyaume déous bous la porte qu'ère ouberte
E l'aymable Aubaneü qu'ésté prégat d'entra.

A d'aquére aoucasiou toutz lous hils déou Parnasse
Qué s'êren ayiérgats en petit séndicat;
Troubères, troubadous enta récoueille amasse
L'aoutou dé la *Miougrane* e déou *Pan déou Pécat.*

Enta-ns ésgaousi drin qué débita *Mireille,*
La brune aous oelhs ardens coum lou *sou de la Craou,*

Qué troubem la beoutat d'équetz bèrs chens pareille
E qu'éstem encantatz de l'obre dé Mistraou.

Qu'éy pér ét qu'éy après qué lou nouste léngatyé
Qu'abé ressucitat, en despiéyt déous sabentz;
Félibrés, pér bous aoutz, qu'éy saoubat déou noufratyé
Et pourtat, en tout loc, sur las ales déous bentz.

Qu'éy bous aoutz qui-m tiratz dé la démoure soumbre
Oun, despuix plaa loungtemps, droumibi désbroumhat,
Més enta-p remercia la boutz dé la mie oumbre
Qué manque déous accéntz d'oun la mourt la pribat.

Qu'éy pérmou dé bous aoutz qui bibérey encouère
Débat lous traitz dé marbre oun m'abét figurat;
Qué cintat lou mé cap déou soureil dé la glouère
Pér la grane fabou d'oun m'abét haunourat.

You qué-m crédi pétit cantayre,
Qu'èy doun hèyt caoucarré dé bou
Pusqué-m tractat coum u Troubayré,
Amicxs, mércéz dé tan d'haunou.
Qu'èy cantat aquéres mountagnes,
Ourguil dé las noustes campagnes,
E lou béroy cèou d'Oulourou;
L'exil e las soues tristesses,
Lou retour e sas allégrésses,
Lou bi, lou printemps et l'amou.

Adare qu'èy brisat ma lyre
E lous més chantz qué-s soun caratz;
Aou cèou qu'èy à tourna détire,
Lous dilays qué soun expiratz.
Mercés dounc, chantrés dé Proubénse,
Récébétz ma récounéchénse
E lous més souhaitz lous plus dous
Cantat, Cigaliès et Félibrés,
Cantat toustem siatz fiers e librés
Coum d'autés cops lous Troubadous.

VIII. — **Mention honorable**

M. Daniel LAFORE, a Orthez

Lou bi qu'apère la cansou.

Aou cèou dou béroy mounde, oun souy arrécatat,
Sus las ales dou ben, u brut qué m'éy pourtat.
Qu'éy bounne la noubèle, é qu'en ey de las bères!
Las mas plégnes dé flous é dé cantes nabères,
Dé Proubénce en Béar, arribats dap lou sou,
Lous félibres gaouyous qué-m biénén ha l'aounou
Dé-m hiqua sus lou cap dé lusentes courounes!
Mieille l'alouguéran qué nou hérén bourounnes.

Sé lou gat é boou lèyt, lou pouète boou flous!
Ta las couéille, soubén, las arrouse de plous.
Tabèy, ta-m ha flouqua, qu'èy à Moussu Sén-Pierre
Prégat dé-m décha biéne u drin ta sus la terre.
E qué souy arribat héns u cértén carrey
Oun, coum lous députats, ey biatyat per arrèy,
A péne qu'èy déchat lou cèou dap las sou-s franyes,
Aoutalèou débarat, tourni trouba lous anyes.

Adéchatz lous amics, sérbitur brabe yén
Qui crédéts qué lous bers balen mèy qué l'aryen,
E qué n'éy pas lou tout dé-s plégna hor lou bénte!
Sérbitur é santat, ô Cigale arridénte
Qui tan plaà saps canta l'amou, la libertat,
Lous braméts dé la maà, la sénte Caritat!
Babét-s résou, Méssius, sye dit chèts crétique,
Dé décha pér l'éstrém toute la polétique!
Sèt-s taou boste Rénè que souy taou Nouste-Henric...
Pramou boulè qué touts minyassin lou pouric.
La polétique, amics, qu'éy mounéde de sinye :
Pariè séra toustem... é lou qui n'a qu'én minye!

Qué pèt-s doun rappélats dou défun Nabarrot
Qui dap las sous cansous, à mode dé barrot,

Hasagnut é chèts poou, sus lous méchans truquabe,
E qui, pér débaigt came, aous Yan-lires yumpabe!
Dou défun Nabarrot qui, toustem, a crédut
Qué lou bi qu'ère hèyt én ta ésta bébut!
Las flous én ta las coueille... é las bères maynades
Pér touts lous parpailloous ésta poutiquéyades.
Qu'abét-s troubat, Méssius, qu'aquéro qu'ère prou
Ta-m quilla lou pourtrèt aou beigt miey d'Aoulourou,
Oun cantes é tribail hèn aous brespès amasses.
E doun qué souy prou franc ta nou pas ha grimasses!
M'abéts tout régaoudit dap las bostes gaouyous
Oun d'ou bosté péïs é hiquat-s las aouyous!

Qué souy hurous, Méssius, lou méy coô quat débise...
Més souy tan esmudit qué né sèy quin pat dise.
Tap rémércia coum caou, qué-m caléré bouri,
Aoutan hor coum bous aout-s truqua lou tambouri!
Més né souy pas qu'ue oumpre, u patle claà de lue...
E bous aoutes, Méssius, quèt-s touts caouts coum la bue!
Né poutch trouba qu'u mout :
Merci dou boste aounou,
Félibres, quèts lous souls taou ha dap tan d'amou

Yamey, qüan èri biou, nou hésouy tan beigt rèbe.
Coum la péne, lou gay qué baille drin de frèbe...
Qué-m gahe la trémbiétte... « é truque tambouri »...
Adare qui p'ey bis tout dé bou poutch mouri.

Aban dé m'éstupa, qu'é-p hèy ue priére,
Méssius, n'ayits pas poou, n'éy pas d'arrupa bière :
« Lou bi qu'apère la cansou, »
Amics, tringlam dap Yuransou.

ODE A XAVIER NAVARROT

I

La yoye qu'es en l'èr, *Olourou* qu'es en hèste!
L'oubrè coum lou moussu, tout lou mounde s'aprèste
Dou quartiè de *Sent Grat* au haut de *Marcadèt;*
Sente Croutz ne broum pas, mes qu'en a bien embeye,
E lou briu aryentat que lou *Gabe* barreye
Se planh de hoeye trop dehèt.

E pertout, sus lous mounts e per las arribères
Dount lous hilhs soun courtés, dount las hilhes soun bères,
De la bibe anilhère escoutatz l'arreboum;
Tout discord que s'oublide e tout soupic hey trèbe :
Lou Bearn que-s soubien; u medich crit que-s lhèbe
En redisent lou medich noum!

Disetz-me dounc so qu'ère aquet gran persounatye
Dount lou noum hey gaudi lou bielh coum lou maynatye?
Ere prince, guerriè, riche à larye sarrot?
Mespresant dous haunous las mines alecantes,
Qu'ère simplement rey dou *Pays de las cantes,*
E s'aperabe : NAVARROT.

Soun pay, de l'aboucat qu'ou muchabe la raube;
Sa may (aus despartits bé plourabe, la praube!)
Qu'ou boulè medecin, e gran qu'ère l'esbat!
De las hilhes dou cèu audint las boutz amigues,
Navarrot, un matin, que yete à las ourtigues
E la lancete e lou rabat.

E coum *Minyequannas,* aus pècs cridant : biahore!,
Tatay impenitent, oublidadou de l'hore,
Rident au sou qui puye, e, chens sounh de douman,
Sedut à *l'estanquet,* en manyes de camise,
En bèrs bien coulourats — tampis — s'escandalise —
Navarrot cante, beyre en man!

II

Coum au bèt temps de *Marguerite,*
Despourrins, lou segnou d'Accous,
Sus la fluyte de Theocrite,
Qu'arreditz l'amou dous pastous.
Mes Despourrins que castereye;
Toute paraule que floureye,
Tout que-s sent de mounde coum-cau;
Despourrins qu'a bères manières,
E sous debis, coum sas beryères,
Que soun parats en hèste-ennau.

Navarrot, hilh de la nature,
Qu'a bist lou puple de mey près,
E lou soun bèrs que s'abenture,
En tout loc, chens pou, ni mesprès.
Armat de lencou clare e bibe,
Que pren lou sutyèc coum arribe,
En y boutant e pebe e sau;
E s'ayme *lou bin de l'Abesque,*
Qu'ayme tabey la source fresque
Qui s'estuye en lou bal d'*Ossau.*

D'esprit barreyant lou bagatye,
Dou *Pic d'Anie* au *Sarthoulet,*
Chens soun clarin nat maridatye,
E nade hèste chens couplet!
Arrisoulets à *Las Laères,*
Cops d'esplinque à *las Cousturères,*
Bèts cops d'escoube aus intrigans;
E betlèu, de boutz noble e fière,
Que hey rebibe à la frountière
So qu'an hèyt lous pays, aus bielhs ans!

S'eslhebant au toun poulitique,
Chens permés de l'autoritat,
Qu'a counsagrat mey d'un cantique
A la France, à la Libertat!
Lou *liri*, lou *hasan*, l'*abelhe,*
N'ou plasen pas; que cerque melhe,
— Tout pourin qu'a pou dous licots; —

Mes de touts aquets bèrs de lute,
Arrey ne bau *La Bistanflute,*
La Galère e lous *Pougnoucotz* !

Navarrot, puchque cau tout dise,
Trop soubent, en franc bau-arré,
Que-s coumplats en la galhardise,
E que hey pinna soun *Curè.*
Lou caperan, d'abord, qu'ou damne ;
Mes betlèu que-s pense, en soun amne,
Que drin d'arride que hey bey...
Mariou prèche l'indulgence,
Lou *Curè* pause le benyence,
E Diu que perdoune tabey !

Chens marchanda Diu que perdoune !
Lous maus qu'*Et* goaribe en cantant,
Diu qu'at sab melhe que persoune
Et que nous ditz : « Hetz-en autant ! »
Debant lou besounh chens ressource,
Lou riche pot aubri la bourse ;
Navarrot aubribe soun cô !
Talèu que lou mau ère en queste,
La part dou praube qu'ère preste.
Rares, qui paguen coum acô !

III

La glori qu'ou cercabe... *Et* ne l'a pas credude !
L'obre de *Navarrot* per toutz qu'ère perdude,
Si la care amistat dou melhe dous sabens,
Dou bal à la mountanhe e dou bos à las trelhes
Lou seguint pas à pas, n'abè saubat las hoelhes
Espartades aus quoate bens.

La glori qu'es biencude à tas patyes tan bères,
E, coum l'a dit *Lespy,* l'abeni clamara :
Ta lountemps qui sous mouns e per las arribères
Nouste lengatye es parlara,
Tas cansous, NAVARROT, *seran toustemps nabères ;*
De toun cô, de toun noum, cadu se broumbara !

Août 1890.

ISIDORE SALLES
(dou pays de Gosse).

ODE A DESPOURRINS

POÈTE BÉARNAIS

—

Lue à ADAST, le 14 août 1890,
devant la délégation des Cigaliers et des Félibres.

—

Salut, Adast! Salut, gayhasente arribère,
Oumpratye seculari, oun lou Meste ha cantat!
Nouble Maysou, salut! A ma bouts estranyère
Nou-p estounét, permou qu'aci you qu'ey pourtat

Lou tribut amistous qué lou Béarn embie;
Nou-p estounét! Y tu si deixe de droumi.
Meste! quoand ta laüdat ma Muse haura sa bie,
Abise-t! you nou souy Navarrot ni Jasmii!

Car n'hey pas coum bous aüts de haut l'amne chauside,
Coum au tou, Diu n'ha pas hens lou me coo métut
De poulides cansous; mes, puixsque ma bouts cride
Ta glori, Despourrins, bèn, esbelhe-t au brut!

—

Oun ey lou qui, coum tu, sab a las pastouretes
Mustra la flou qui dits s'aymen drin, hère ou poc?
Ta t'inspira pertout tu troubabes flouretes :
Nous qu'habem bèt cerca nou las troubam enloc.

Las flous nou parlen pas a touts coum te parlaben
A tu qui coumprenès : qu'ères coum n'èm plus hoey.
Eres que t'han aymat, y per ta bouts cantaben.
Oui! mes despuixs qui-ès mourt, n'han pas dit arré mey!

Soulemen, si peu bosc en toucan sas anesques,
Lou pastou coo-gaudit, entoune touns bersets,
Que m'han dit que las flous en l'entenen, mey fresques
Se hen coum si credèn entene-t alabets.

—

Oun ey lou qui sauré ploura la pene grane
D'u pastou malhurous au pè d'u hac ségut,
Y coum tu, mountanhoou, aprene aus de la plane
Las doulous deu praubot doun l'amou s'ey pergut ?

Oun ey?... Nou, n'habem pas nous auts la boutz chausìde;
Diu nou-n's ha pas cargats, coum a tu, de canta ;
En leyen ço qu'has hèyt, nouste amne estremouside
T'admire, Despourrins ! Mes qui-t pod imita?

Cade cansou de tu, s'ey plée d'allégresse
Parech escarcalhade a l'arrayoü deu sou,
Y si deu pastouret tu dises la tristesse,
Cade bers de toun coo s'escape coum u plou !

Que s'estenoun atau d'abord sus la mountanhes
Tas obres peus aulhès dites de roc en roc ;
Puixs, debaran tout dous, de cap a las campanhes
En seguin lous pastous, qu'arribèn poc à poc ;

Puixs que pourtèn loenh, loenh, ta franque poésie,
Cantade en loungs suspis a moundes estounats
Y qu'esglaren pertout las flous de toun génie,
Pertout oun deu Béarn lous hilhs é soun anats.

Y pertout tas cansous, chisclets de pastoureles,
Plentes de pastourèns, arrisoulets ou plous,
Han demourat toustemps fresques ; « toutjour noubeles,
« Eres nou s'en ban pas al gran riu droumilhous. » (1)

Que t'han clamat d'Accous lou hilh y lou poète ;
Aquiu tu qu'es badut : Adast que t'ha goardat :
Més, Bigorre ou Béarn, cade pèïs répète
Touns bers y, permou d'eths, a tu quin t'han laudat !

Broumbe-t ! qu'ha cinquante ans, quoand per fixa ta glori
La baix, de loenh en la, tan de yen se rendou,
Navarrot y Jasmii celebrèn ta memori.
A ta couroune d'or cad'u pausè sa flou,

(1) Couronne poétique de Jasmin, dite à Accous en 1840, pour l'inauguration du monument de Despourrins.

Car sus lou mounumen lhebat à toun génie
Eths, poètes tabé, qu'escriboun ta lauda-t.
Navarrot, en cambian de sa muse la bie,
Dap ta gaymante muse este biste acourdat.

Que-ü coumprengous labets, y tout chouau, si droumibes,
Be-t'esbelhès, bertat? quoand souns bers t'arriben?
Oui : Navarrot cantè; tu, Despourrins, qu'audibes,
Bostes amnes, coum soos, s'entenoun y s'aymen.

Aulourou t'ha pagat atau ço qui-s pod debe
A l'homi qui, coum tu, deu pèïs hè l'haunou,
Y, lou tribut aquet, tu que-ü poudous recebe,
Pagat per Navarrot lou tribut qu'ère bou.

Jasmii labets digou de sa muse gascoune :
« Aĩ poete Biarnés coumo si ne plebio
« De laurès que cadun li tresse uno courouno! »
Eth caminè « tres jours per te balha la sio. » (1)

De toute part bienguts qu'eth hèm nabère heste
Hoey; cad'u t'ha pourtat u soubeni de mey.
Tau coum Accous, de fier, Adast lhèbe la teste.
Lou noum de Despourrins nou-s perdera jamey!

Car nou-s pod perde atau, de balente famille,
Aquet noum de tout temps en haunou transmetut :
Au soum deu pourtalè la triple espade brilhe,
Tout au ras de l'oustau, Meste, que t'han metut.

Y si peus d'Aulourou ma bouts e-s'ey lhebade
Perdoune!... Navarrot, hélas! qu'ey mourt coum tu;
Perdoune si ma muse ha mau pres sa boulade!
Poete prou nou souy... que-t saludi toutu!

Antonin MONTAUT.

---

(1) Couronne poétique de Jasmin.

« Felibres y Cigaliès bienguts t'Aulourou a prépaus
« de l'inauguratiou deu buste de Navarrot qui s'abet
« dat, qu'ep saludi.
« Lou nouste Navarrot qu'eslé u pouète fi, délicat,
« quaouqué cop drin trufèc y toustem hère aymable.
« Qu'esté tabé u citoyen coumplèt y patriote passiounat.
« Qu'ey dounc pensat que poudi dignemens aunoura
« lou sou noum en parlan hoey deban eth de nouste
« beth pays de France.
« Qu'ey boulut ha béde tabé que dens lou pays deu
« sourelh, coum dens lou nord, coum pertout, que bolen
« la France unido, grane y sansere.
« Aquéro dit, escoutat, si-p platz, lous mes bers.

AUS FÉLIBRES Y AUS CIGALIÈS

Bienguts t'Aulourou à prepaus de Navarrot

Ta laüda Navarrot,
Cadu que hè coum pot.
L'u que cante las flous, lou sourelh, la berdure,
L'aute lou bii bourret, lou lard y la garbure.
Félibres, Cigaliès,
Piétous y cabaliès,
Manans y grans segnous, countesses, cousturères,
Touts que ban crida hoey en passan las carrères :
A Navarrot haunou !
Bibe, bibe Aülourou !...
Aülourou, la citat de Navarrot tan fière,
Qui t'a d'et y bous aüts e s'ey heyte tan bère.
Coum qui semïe flous,
Navarrot sas cansous
En tout loc de Bearn quoand passe que barreye
Y Lespy que n'a heyt u floc qui flamboureye.
Félibres perdounat
Aü pouète manquat
Si dits mau lous malhurs, la grandou, l'esperance
De nouste gran pays tan aymat, de la France.
Ta laüda Navarrot,
Cadu que hè coum pot.

A LA FRANCE

O France, o moun pays, quoand lou canou brounech,
Quoand tute lou clarou y quoand grèle mitralhe,
Aü co de tous maynats tout lou sang que bourech
A grans saouts en daban qué cargon en batalhe.

Qué y a bingt ans déjà, dé toun frount qué cadou
La couroune de reyne u moumen esblaside;
Lou briu de tous soullats arré qué nou balou,
Lous drapeous qu'esten dats, y tu France, tradide!

A Metz, la nouble armade u trèyte qué bénou;
Qué cadou chens mouri, per u moustre ahamiade,
Arrauyouse d'es baté en baban qu'es rendou,
L'armade de lious per quoate ardits croumpade.

I lous forts qu'esten muts y beüde la muralhe
I dens tous lous sendès lous soullats aganits,
Qué caden coum sécails, qué caden sur la palhe,
L'oelh rouy, lou punh barrat, malaus y marfandits.

Reishoffen, Sedan, Metz, à d'aquet soubeni
Qui pot nou pas ploura!.. més ta gloère ahounade,
Deu gran clot oun semblabe a jamey s'englouti,
Qué sourtira mey grane, o France tan aymade.

Qu'abet croumpat lou chef, y pilhat las maysous
Y quoand soun estats mourts de hami, de misère
Qu'abet gausat truca lous Francés... grans Teutous,
Qué poudet esta fiers de la boste bittouère.

Tout semblabe pergut y touts escalansits
Quoand se bedoun chens chefs, chens argen y chens armes,
Lous Francés u moumen nou saboun qué ha crits
Pertout lou désespoer, pertout lous oelhs en larmes.

U lambrec tout d'u cop qué ziczague lou ceou
Aü beth miey de l'esbourre u géan soul qu'es lhèbe

Y superbe qué dits : « Amicxs, gran qu'ey lou fleou
« Y mey gran lou pays si aü-dessus s'ellhèbe !

« Haüt lou co, courrem touts, à l'estrangè malhur !
« Qu'a hourat nouste soou, lou soou sacrat de France,
« La botte deü Teutou, tralhade de boulur,
« De bandit, d'assassi, à d'et guerre à outrance ! »

Touts lous joens qué partin, mes touts nou tournan pas !
Co hérit au larè, las mays y las hilhotes
Qu'attendoun lou gouyat, qu'attendoun, mes hélas !...
Mourt lou hilh, mourt l'amic ! plourat, plourat, praubotes !

Bingt ans despuch labetz, l'herbete qu'a flurit
Dens lous cams y lous prats, sus la toumbe pergude
Deus grans mourts ignourats... Cen cops qu'aben maudit
Reys, tyrans, empérurs... Quoand té cridon ajude,

Pren garde, poble amic, touns ardits, tous maynats
Ta hemne, tu médich, lou meste tout qué gahe ;
Hè la guerre, si ditz, en ta gagna la patz
Lechem joui... mes tu, sude, mourech y pague !...

A Metz y à Strasbourg qué disen qué la noeyt
Sus lou rempart désert, dens lou bosc, per la plane
Lous hilhs de France mourts qu'es lhèben chens arroeyt !
Tout qué tremble alabets, pertout lou doü qué plane.

De quoand en quoand tabé ue boutz qué rugech
La même d'aütes cops... qué sort de debat terre ;
Lou caa qué happe aü loenhy lou boeu qué mugech,
Lou Teutou qué s'escoun... car tout qué cride guerre.

Qué crey qu'at bédéran, mes qu'en caou chic parla ;
Douma ou drin mey tard, qué p'en dam l'assurance,
Rays perguts dé ciou haut, qu'ep anéram cerca !
Y qu'ous té tournéram ô moun pays, ô France !!!

Dr CASAMAYOR.

Sus la Mourt de Navarrot

Qu'at ey sabut, aou houns de l'Amérique,
Que s'ére mourt lou cansoué tan aymat!
Qu'eou counechouy aou tems de République,
Y mey d'u cop tous dus qu'abém cantat.
Qu'abi pensat encoué d'eou tourna béde,
Mey qu'a déchat aquet mounde trop leou.
Qu'eou disén mourt, et n'at bouly pas créde,
Et qu'eou parlabi encouère... Et qu'ére aou ceou!

Que ya detz ans, quoan you parti de France,
Eth qu'em segui dinque suou caminaou,
Triste coum you — Mey qu'abém l'espérance —
Et que m'aouré séguit dinques a Paou.
Qu'ens abrassém aou pè de la mountagne,
Countan sus Diou, countan sus l'abeni.
Mey qui cregouy que dure ma campagne....
Ta l'abrassa gnaout cop me caou mouri!

Si pouch yamey houra la terre aymade,
Oun, beth tems a, bédouy la lutz deou ceou,
M'en anerey tout dret à sa countrade,
M'en anerey ploura sus soun toumbeou.
Ey permou d'eth qu'aymabi la patrie,
Car eth tout soul m'at hasé tout broumba :
Esprit, talén, amistat, pouésie,
Tout so qui l'homi aqui bach pot ayma.

Et puch qu'abé la maâ ta generouse,
Lou coo ta bou, ta gran taous malurous!
Qu'aouré dat tout, et soun amne amistouse
Que s'aprouchabe à toutes las doulous.
Chens u bou coó nou ya pas nat pouète.
Que soun lous douns de Diou, qu'ey lou talén,
Si nou ya pas ue bountat secrète,
Si nou ya pas tabé lou sentimén?

Hilhs d'Aoulourou, de Paou y de las serres,
Deous coustalats y deous gabes d'aryén,
Qui ban pinnan catbat las arribères,
Nou-p désbroumbet deou ha lou mounumén.
Que l'y debét à sa muse gaouyouse
Qui tan de cops ep goari lous chagriis;
Et qui toustém harà boste amne hurouse,
Boun gré, maou grat, aou sou de souns refriis.

Lou hilh d'Accous qu'abé gnaoute musette,
Mey Nabarrot qu'a ta béroy clarii !
Aountan que l'aoute aqueste qu'ey pouéte :
Nabarrot qu'ey lou fray de Despourrii.
L'u, dé l'amou que canta las miséres.
A Théoucrite, à Vïrgile paryé ;
L'aout' que canta plasés, gloris y guerres,
Et déous Biarnés que hou lou Béranyé.

Qu'eou caou ploura lou qui's hé tan arride !
Are qu'ey mourt lou rey de la cansou.
D'en béde gnaout' Diou sab si ya l'ahide
Qui pousque bale aou cansoué d'Aoulourou ?
You n'at crey pas, puch la lengue biarnése
Que cat toustém, qu'es ba perde batleou,
En ta ha place à la lengue francése
Coum hé la lue aou soureilh, hens lou ceou.

Prenét lou doou ; hét brouni las campanes ;
Pastous, ooulhès, dechat bostes troupéts
Y bienet touts, deous mouns et de las planes.
Deous coustalats, deous camps, deous arribets :
Noun manque nat ; hils de la pouesie,
Maynat besiats deu Gabe et de l'Adour,
Puch que batleou sera soun darré die,
En t'aourousta lou darré troubadour.

Alexis PEYRET.

www.ingramcontent.com/pod-product-compliance
Ingram Content Group UK Ltd.
Pitfield, Milton Keynes, MK11 3LW, UK
UKHW020451180726
13839UKWH00004B/1753

9 782329 520629